PROKRASTI-WAS? ENDLICH PRODUKTIV ARBEITEN

Wie Sie den inneren Schweinehund umgehen und maximale Produktivität erreichen – mit den 12 Strategien für optimales Zeitmanagement, Selbstoptimierung und Erfolg

Sie haben Lob, Kritik oder Anregungen? Unter prokrasti.was@gmail.com freue ich mich auf Ihre Nachricht. Und nun viel Freude beim Lesen! Ihr Andreas Hofbauer

Inhalt

Einleitung

Prokrastination. Jeder kennt Sie, kennt das nicht in die Gänge kommen, das Aufgaben vor sich herschieben.

Die unangenehme E-Mail Ihres Vorgesetzten müsste noch dringend beantwortet werden aber Ihnen fallen ein dutzend Tätigkeiten ein, die Sie stattdessen lieber machen. Oder Ihre Wohnung müsste dringend auf Vordermann gebracht werden, in ein paar Stunden kommen Freunde zu Besuch. Aber Sie können sich nicht aufraffen, Ihre spannende Serie zu unterbrechen und vom Sofa aufzustehen....

Derartige Situationen haben wir vermutlich alle schon erlebt. Und es ist ja auch zu verführerisch, Wir lassen es uns gut gehen, beschäftigen uns mit angenehmen Dingen, bleiben auf der Couch liegen, stöbern noch ein bisschen auf Instagram etc. Das ist doch viel besser als diese unangenehmen Aufgaben, die eigentlich erledigt werden müssten.

Aber alles hat seinen Preis. Erst recht das Prokrastinieren.

Denn mit prokrastinierendem Handeln erkaufen wir uns eine angenehme Gegenwart. Und bezahlen sie mit Stress, Zeitdruck oder noch schlimmer, verpassten Möglichkeiten und Chancen in der Zukunft.

Tatsächlich ist Prokrastinieren nicht nur in der subjektiven Wahrnehmung schädlich, negative Effekte wurden auch in verschiedenen Studien nachgewiesen.

Besonders eindrucksvoll sind die Ergebnisse der „Longitudinal Study of Prokrastination, Performance, Stress, and Health: The Costs and Benefits of Dawdling". Hier wurden Studenten über ein Semester hinweg beobachtet. Nach Ende des Beobachtungszeitraums verzeichneten Prokrastinierende im Vergleich zu den Nicht-Prokrastinierenden gesamt:

- Mehr Stress
- Mehr Krankheitstage

- Und insgesamt schlechteren Leistungen (hier gemessen an den Klausur-Noten)

Und auch wenn hier Studenten betrachtet wurden, bin ich mir sicher, dass diese Ergebnisse im Grunde genommen übertragbar sind auf unser gesamtes - privates und berufliches – Leben. Prokrastinieren führt - davon müssen wir ausgehen - zu mehr Stress. Und zur Minderung der Leistung, zu der wir eigentlich in der Lage wären.

Wie soll Ihnen dieses Buch nun helfen?

Soweit so gut, Prokrastination kann Ihnen im Wege stehen, das haben Sie sich bestimmt auch schon gedacht. Aber was kann dann dieses Büchlein genau für Sie tun?

Nun, ich möchte Ihnen hier die besten, praxisbewährten Strategien an die Hand geben, die Ihnen in Ihrem Alltag helfen können Prokrastination zu vermeiden.

Der Umfang des Buches ist – da ich mich wirklich ausschließlich auf praktisch relevante Themen beschränkt habe - eher gering. Man kann es in kurzer Zeit durchfliegen. Und das sollen Sie auch. Holen Sie sich alle Strategien aus dem Buch. Und dann geht's los. Dann beginnt die eigentliche Arbeit: Denn entscheidend ist ja, dass Sie diese Strategien, die ich Ihnen im Folgenden vorstellen werde, auch umsetzen. Sie wissen ja: Ohne Umsetzung bringen Ihnen die besten Strategien nichts! Gehen Sie also durch das Buch, holen Sie sich alles raus, was Sie anspricht und fangen Sie an, das Gelesene in Ihrem Leben anzuwenden!

Das Erstaunliche dabei: Es ist alles gar nicht so schwer wie es scheint. Sie werden bei der Umsetzung mehr und mehr gute Laune haben, effizienter denn je arbeiten und stolz auf sich sein. Das kann ich Ihnen aus Erfahrung schon jetzt versprechen!

Aber nochmal: diese positiven Effekte werde nur eintreten, wenn Sie sich die Arbeit machen die Strategien aus dem Buch auch wirklich umzusetzen, für sich zu nutzen. Nur lesen reicht nicht!

Und noch was bevor wir beginnen:

Manche der Strategien sind ausführlicher, manche sehr knapp gehalten. Bitte nehmen Sie sich aber alle Strategien zu Herzen! Nur weil eine Strategie in wenigen Sätzen dargestellt ist, heißt das nicht, dass sie weniger hilfreich wäre!

Und nun los, viel Spaß!

Die 12 Strategien gegen den inneren Schweinehund

Setzen Sie sich Ziele

"The greater danger for most of us isn't that our aim is too high and we miss it, but that it is too low and we reach it." – Michelangelo

Die erste Strategie dieses Büchleins hört sich einfach an, ist aber gleich ungeheuer wichtig, wenn Sie dauerhaft weniger prokrastinieren wollen: setzen Sie sich Ziele. Regelmäßig. Und gerne auch in verschiedenen Bereichen Ihres Lebens, also z.B. für Ihr Berufsleben, für Ihr Familienleben, im Zusammenhang mit Ihren Freunden oder auch bezogen auf ein Hobby. Mindestens aber sollten Sie sich in dem Bereich Ziele setzen, in dem Sie am meisten Probleme haben in die Gänge zu kommen!

Ein berühmtes Zitat von Laotse lautet „nur wer sein Ziel kennt, findet den Weg." Und das stimmt in gewisser Weise. Ziele können uns Orientierung in unserem Leben geben. Auf einer sinnbildlichen Landkarte unseres Lebens sind sie wie Meilensteine oder sogar Endpunkte, in deren Richtung wir uns auf die Reise machen können.

Durch das Festlegen von Zielen wissen wir also, warum wir etwas eigentlich tun. Sie geben angenehmen, aber vor allem auch unangenehmen Arbeiten eine Bedeutung. Denn je schneller und besser wir diese Arbeiten erledigt haben, umso schneller werden wir das dahinterliegende Ziel erreichen. Und das motiviert, insbesondere dann, wenn es um Ziele geht, deren Erreichung Sie sich wirklich wünschen, die Ihnen wirklich wichtig sind.

Schon die Fokussierung auf ein Ziel und die resultierende Motivation es zu erreichen lösen das Verhalten bei uns aus, das zur Zielerreichung nötig ist. Wir krempeln die Ärmel hoch und setzen uns daran, die nötige Arbeit zu erledigen.

Das Setzen von Zielen setzt bemerkenswerte, mentale Prozesse in Gang. Prokrastination hat hier keine Chance mehr – solange wir richtig motiviert sind.

Das Ziele-Setzen und -Erreichen ist eigentlich ein fast intuitiver Vorgang. Optimale Ergebnisse werden Sie aber erhalten, wenn Sie dabei die folgenden vier Punkte beachten:

1) **Schreiben Sie Ihre Ziele auf, sobald Sie sie gefasst haben.**

2) **Setzen Sie sich nicht zu viele Ziele auf einmal: nicht mehr als 3 pro Lebensbereich und 8-10 insgesamt. Ihre Fokussierung und Priorisierung werden sonst darunter leiden!**

3) **Halten Sie sich Ihre Ziele ständig vor Augen indem Sie sich Zeit nehmen...**

   a) **... sie zu wiederholen (mündlich oder schriftlich – täglich!).**

   b) **... sie dabei zu verinnerlichen!**

Spüren Sie für jedes Ziel in sich hinein, spüren Sie wie es sich anfühlt, wenn das Ziel erreicht ist! Umso mehr Emotionen und positive Erregung Sie dabei in sich erzeugen können, desto besser wird es funktionieren, desto mehr werden Sie motiviert sein! Versuchen Sie die Freude, den Stolz, die Erleichterung, die Anerkennung, die sie erleben würden, wenn das Ziel erreicht ist, bereits heute zu spüren.

Dieser Prozess des täglichen Wiederholens und Verinnerlichens dauert nicht lange, 3-5 Minuten reichen völlig. Diese Zeit sollten Sie sich aber nehmen, um sich wirklich auf Ihre Ziele einzulassen und sie zu fühlen.

Und auch wenn sich dieses Vorgehen für Sie möglicherweise merkwürdig oder etwas esoterisch anhört, möchte ich Sie bitten, versuchen Sie es! Es funktioniert wirklich. Sie benötigen Ziele, aber fast noch wichtiger ist: Sie müssen auch bis zur Erreichung dieser Ziele dafür brennen, diese umzusetzen – und dafür ist das Wiederholen und Verinnerlichen entscheidend!

4) Formulieren Sie Ihre Ziele SMART

Das Akronym **SMART** steht für **S**pezifisch, **M**essbar, **A**kzeptiert, **R**ealistisch und **T**erminierbar.

S = Spezifisch; was genau soll von wem bis wann erledigt werden, woran erkennen Sie, dass das Ziel erreicht wurde und welche Leistungen müssen zur Zielerreichung ausdrücklich NICHT umgesetzt werden?

M = Messbar; Legen Sie jedem Ziel ein Einheitensystem zu Grunde. Das kann Geld sein, Besucher auf einer Webseite, Anzahl verkaufter Artikel etc. Manche Ziele lassen sich nur dichotom abbilden, also Ziel erreicht ja/nein. Das Ziel „Ich möchte mit meiner Familie in ein größeres Haus umziehen." Hat als Einheit nur ja/nein bzw. geschafft/nicht geschafft. Das ist nicht optimal, teils aber unumgänglich. Helfen können Sie sich bei solchen Zielen mit Subzielen, die wiederum sinnvoll messbar sind. Um also in das Haus umzuziehen könnten Sie sich als Subziele vornehmen...

- X Makler anzurufen.

- Y Häuser zu besichtigen.
- Z Zettel mit Ihrem Gesuch aufzuhängen.

A = Akzeptiert; Ihre Ziele sollten so formuliert sein, dass Sie sie auch wirklich erreichen wollen. Sie müssen bereit sein alles dafür zu geben, dass ein von Ihnen gefasstes Ziel auch realisiert wird!

R = Realistisch; grundsätzlich sollten Ihre Ziele nicht zu niedrig gesteckt sein. Sie sollten anspruchsvoll genug sein, sodass Sie sie nicht einfach erreichen würden, wenn Sie nur wie gewohnt mit Ihrem Leben fortfahren. Vielmehr sollten Sie sich strecken und anstrengen müssen. Ihre Ziele sollten also durchaus ehrgeizig formuliert sein. Verlieren Sie dabei aber nicht den Bezug zur Wirklichkeit. Sie sollten jedes Ziel mit Anstrengung und Fleiß erreichen können! Dann ist es ehrgeizig, aber nicht unrealistisch.

T = Terminierbar; halten Sie mit jedem Ziel auch ein Datum fest, an dem es erreicht sein soll. Der Zeithorizont kann dabei von Tagen über Wochen zu Monaten gehen. Falls Sie für die Verwirklichung eines Zieles einen Zeitraum von über einem Jahr einplanen, könnte es besser sein das Ziel auf kleinere Ziele runter zu brechen, die Sie in einer kürzeren Zeitspanne umsetzen können.

Am besten Sie setzen sich in einer ruhigen Minute hin und überlegen, wie genau Ihr Wunschzustand aussieht für...

- Ihre Familie
- Ihren Freundeskreis
- Ihr Berufsleben
- Ihre finanziellen Verhältnisse usw.

Träumen Sie, alles ist erlaubt, es gibt kein richtig oder falsch! Und umso genauer Sie wissen, wie Ihr Leben aussehen soll, worauf Sie hinarbeiten möchten, desto besser! Halten Sie pro Lebensbereich bis zu 3 Ziele schriftlich fest, die Sie nun erreichen möchten und formulieren Sie diese SMART.

Prüfen Sie anschließend gerne, ob Sie auch für die Lebensbereiche, in denen Sie am meisten prokrastinieren, Ziele verfasst haben. Diese Ziele werden Ihnen helfen aufschiebendes Verhalten zukünftig deutlich einzudämmen.

Nehmen Sie sich dann täglich ein bis zwei Mal ein paar Minuten Zeit um Ihre Ziele zu wiederholen und Ihren Wunschzustand so deutlich wie es geht zu fühlen. Spüren Sie die Emotionen, die Freude, den Stolz, die Anerkennung, die Sorglosigkeit, die mit der Erreichung Ihrer Ziele einhergehen.

Wie Sie sich motivieren jede Aufgabe zu erledigen

Motivation ist DER effektivste Treiber unserer Effizienz und Produktivität. Gleichzeitig ist Motivation auch der natürliche Gegenspieler von Prokrastination.

Wenn man zu etwas nicht ausreichend motiviert ist, ist die Wahrscheinlichkeit sehr hoch, dass man anfangen wird, sich um die damit verbundenen Aufgaben herumzudrücken.

Jeder kennt derartige Situationen:

- Man bekommt von seinem Vorgesetzen eine unattraktive Aufgabe, die bis Ende der Woche erledigt sein muss. Und man schiebt und schiebt sie, stundeweise, tageweise... der Druck wächst, die Zeit wird immer knapper und dennoch verhindert unser innerer Schweinehund, dass wir rechtzeitig und ruhig anfangen, um die Aufgabe fristgerecht und stresslos zu erledigen.
- Oder man sitzt gemütlich zu Hause auf dem Sofa und weiß, dass in ein paar Stunden Besuch kommt und man vorher noch aufräumen und putzen muss. Und trotzdem: man bleibt einfach sitzen, und zwar solange, wie es nur irgendwie geht. Der innere Dialog ist dann ungefähr so: „Ach komm, noch 20 Minuten, dann sauge ich halt nur und wische morgen..." Das Ganze endet dann meinst so, dass man kurz vor knapp anfängt mit dem Aufräumen und Putzen, es zeitlich allerdings nicht mehr schafft, so gründlich sauber zu machen wie man es eigentlich vor hatte. Resultat: es ist nur „halb-sauber" und man empfängt den Besuch gestresst, weil man bis zum Klingeln versucht hat, den gröbsten Schmutz zu beseitigen.

Gerade bei Aufgaben, die einem entweder ohnehin wichtig sind oder die einem von Natur aus Spaß machen, ist meist ausreichend Motivation vorhanden, so dass es gar nicht zu Prokrastinations-Effekten kommt.

Viel problematischer und damit viel ausschlaggebender für Ihre Effizienz und Ihren Erfolg sind die Aufgaben, die Ihnen entweder unwichtig sind, nur wenig Spaß machen oder beides.

Bei diesen Aufgaben trennt sich gewissermaßen die Spreu vom Weizen. Während die meisten Menschen mit Prokrastination reagieren, schaffen es doch einige wenige, auch diese für sie weniger attraktiven Aufgaben ohne Umwege möglichst effizient zu erledigen.

Ich werde Ihnen im Folgenden zeigen, wie Sie mit derartigen Aufgaben umgehen können, um Verzögerungen in der Bearbeitung zu vermeiden.

Lassen Sie uns dazu beide Fälle getrennt betrachten:

Fall 1: Die Aufgabe Ist Ihnen nicht ausreichend wichtig

Wenn man Aufgaben nicht erledigt, weil sie einem nicht ausreichend wichtig erscheinen, lohnt es meist, kurz inne zu halten und sich zu fragen, warum das so ist.

Das nächste Mal, wenn Sie also vor einer Aufgabe stehen, die Ihnen unwichtig erscheint, fragen sie sich bitte:

Warum ist mir diese Aufgabe nicht wichtig?

Bzw. genauer:

- Welchen Nutzen habe ich davon, wenn ich die Aufgabe gut und ohne Verzug erledige?
- Und was verliere ich möglicherweise, wenn ich sie nicht oder erst später angehe?

Eigentlich haben Sie bei fast jeder Aufgabe, die sich Ihnen so im Lebens- und Berufsalltag stellt, einen Nutzen bei erfolgreicher Erledigung bzw. Kosten des Nichterledigens, wenn Sie sie einfach liegen lassen. Sie müssen nur mal darüber nachdenken.

Teilweise ist der Nutzen monetärer Natur oder hat mit Ihrer Gesundheit zu tun. Dann reicht es manchmal schon, sich darüber kurz klar zu werden:

- Ein vielleicht schon länger anstehender Arzttermin ist gar nicht mal so unwichtig, ich profitiere möglicherweise davon weil man mir helfen wird meine Gesundheit zu erhalten.
- Das übermäßige Verschieben der Hauptuntersuchung meines Autos wird letztlich zu Bußgeldern führen. Ich muss sie also so und so machen, warum nicht gleich?

Gerade auch im beruflichen Umfeld gibt es immer wieder ToDos oder Projekte, die einem nicht so wichtig sind wie andere. Oft bekommt man solche Aufgaben auch ungefragt aufgedrückt.

Hier sollten Sie zunächst unterscheiden: ist mir diese Aufgabe als Person nicht wichtig oder ist sie für das Unternehmen, für das ich tätig bin, nicht wichtig.

Ist die Aufgabe für das Unternehmen wichtig, ist der Fall relativ klar.

Sie sollten die Aufgabe schnellstens erledigen. Sie profitieren davon, weil Sie damit zu einer positiven Unternehmensentwicklung beitragen und somit ihr Gehalt sichern. Gleichzeitig zeigen Sie so im Unternehmen, dass Sie Ihre Arbeit zuverlässig und gut erledigen. Wenn Sie dauerhaft so handeln, werden sich dadurch neue Chancen für Sie ergeben, da man Sie bei anstehenden Beförderungen nicht übersehen wird.

Beförderungen nicht übersehen wird.

Ist die Aufgabe auch für das Unternehmen nicht von Bedeutung, sollten Sie überlegen ob es Sinn hat, das anzusprechen. Möglicherweise kann die jeweilige Aufgabe ganz oder in Teilen gestrichen werden, wenn Sie darlegen, dass sie keinen Nutzen bringt. Falls dem nicht so sein sollte, werden die Strategien, die gleich folgend werden, Ihnen helfen, sich selbst zu anscheinend nutzlosen Aufgaben aufzuraffen.

Wie gesagt, eigentlich findet man bei jeder Aufgabe einen Nutzen, der das Erledigen lohnenswert macht. Aber es gibt immer wieder besonders schwierige Fälle, bei denen die Motivation auch dann noch nicht ausreicht, wenn man sich den Nutzen verinnerlicht hat. Das sind dann meist Fälle, die man als nicht wichtig erachtet und die einem gleichzeitig keinen Spaß machen.

Lassen Sie uns deshalb den zweiten Fall ansehen, Aufgaben, die keinen Spaß machen.

Fall 2: Die Aufgabe macht Ihnen wenig Spaß:

Greifen wir doch nochmal das Beispiel „Aufräumen und Putzen" von oben auf. Wenn man Sie fragen würde, ob Ihnen Aufräumen und Putzen Spaß macht, würden Sie vermutlich eher mit ‚nein' antworten. Und dennoch sind Aufräumen und Putzen natürlich gleich in mehrfacher Hinsicht nützlich.

Offensichtlich ist, dass Wohnung oder Haus nach dem Aufräumen und Putzen wieder ordentlich und sauber sind. Und wenn Hausstauballergiker im Haus sind, hilft ihnen diese saubere Umgebung, allergiefrei zu leben.

Vielleicht nicht ganz so offensichtlich aber zumindest erwähnenswert ist, dass Putzen oftmals die Lebenserwartung von Haushaltsgeräten verlängern kann. Regelmäßiges Entkalken von Kaffeemaschine, Waschmaschine usw. kann dazu führen, dass diese länger halten.

Und schließlich: Intensives Aufräumen und Putzen hilft Ihnen fit zu bleiben und Ihr tägliches Bewegungs-Soll zu erfüllen.

Und dennoch: es gibt Situationen, da möchte man – auch wenn man um diese positiven Resultate weiß – einfach nicht mit dem Hausputz beginnen. Denn es macht einfach keinen Spaß bzw. andere Aktivitäten machen mehr Spaß.

In derartigen Situationen, in denen der Nutzen einer anstehenden Aufgabe zu klein ist, um Sie zu motivieren, hat sich bei mir vor allem die Strategie des Belohnens bewährt.

Zurück zu unserem Beispiel:

Wenn ich es also mal nicht schaffen sollte mich zum Putzen aufzuraffen, überlege ich mir, welche Aktivitäten im Laufe des Tages noch anstehen könnten, auf die ich große Lust habe. Und dann betrachte ich das Erledigen der unattraktiven Aufgabe als Voraussetzung dafür, dass ich mit anderen Aufgaben beginnen darf, die mir großen Spaß machen. Ich nutze also die Motivation einer anderen Aufgabe oder Tätigkeit, um die ungeliebte Aufgabe mit zu erledigen.

Vielleicht möchte ich an dem Tag noch zum Sport gehen oder Freunde treffen. Dann definiere ich für mich die Regel, dass ich erst zum Sport darf, wenn aufgeräumt ist. Ich belohne mich also mit dem Sport oder mit dem Treffen mit meinen Freunden für das Aufräumen.

Die „Belohnen"-Strategie funktioniert so gut, so dass wir später nochmal darauf zurückkommen werden. Hier nur so viel: wichtig ist, dass die gewählte Belohnung ausreichend attraktiv ist um Sie zu motivieren. Je unattraktiver und umfangreicher die Aufgabe ist, bei der Sie prokrastinieren, umso größer muss die Belohnung ausfallen.

Planen und priorisieren Sie Ihre Aufgaben

Es mag etwas vereinfacht sein, aber lassen Sie uns mal davon ausgehen, dass es im Grunde zwei Arten von Aufgaben gibt:

1) **Aufgaben die sich ergeben, weil Sie bestimmte Ziele verwirklichen wollen oder müssen.**
   Beispiel: Sie sollen eine Software in Ihrer Firma einführen. Aus diesem Ziel ergeben sich dann diverse Aufgaben, die zur Zielerreichung nötig sind. Große und kleine Ziele haben Sie natürlich auch privat. Vielleicht möchten Sie für Ihr Brennholz einen Unterstand in Ihrem Garten bauen. Auch hier sind wieder bestimmte Aufgaben nötig, die abgearbeitet werden müssen, bis der Holzunterstand wirklich steht.

2) **Zudem gibt es Aufgaben, die im – beruflichen oder privaten – Alltag einfach anfallen, und zwar entweder einmalig oder sogar mehrfach.**

   Beispiel: *Im Rahmen Ihrer beruflichen Tätigkeit bekommen Sie immer wieder Mails, die Sie beantworten müssen, obwohl der Inhalt der Mails überwiegend überhaupt nichts mit den Projekten und Zielen zu tun hat, die Sie beruflich verfolgen. Oder Sie müssen immer wieder einkaufen, putzen, Rechnungen überweisen usw. Sie verstehen, welche Aufgaben ich meine.*

Das Erledigen der Aufgaben aus Kategorie 1 bringt Sie privat und beruflich weiter. Unglücklicherweise werden Sie es aber nicht vermeiden können, immer wieder auch mit Aufgaben aus der zweiten Kategorie konfrontiert zu werden. Das ist auch gar nicht tragisch, wichtig ist nur, sich darüber im Klaren zu sein, dass es diese zwei Typen von Aufgaben gibt und dementsprechend zu planen und zu priorisieren.

Hilfreich dafür ist – zumindest am Anfang – die sog. Eisenhower-Matrix.

Die Eisenhower-Matrix unterscheidet Aufgaben nach ihrer Wichtigkeit und Dringlichkeit. Daraus ergeben sich 4 Cluster, die Ihnen helfen können, Ihre Aufgaben zu priorisieren.

- Cluster 1: wichtig und dringend
- Cluster 2: wichtig, aber nicht dringend
- Cluster 3: dringend, aber nicht wichtig
- Cluster 4 nicht dringend und nicht wichtig

Typischerweise sind Aufgaben, die Sie für die Erreichung Ihrer Ziele abarbeiten müssen, wichtig, da Sie einen Nutzen von der Erreichung der Ziele haben. Je nachdem, um was für ein Ziel es geht und in welcher Phase des Projektes Sie stecken, sind solche Aufgaben zudem mehr oder weniger dringend (zeitlich). Das bedeutet, dass Aufgaben, mit denen Sie auf ein Ziel hinarbeiten (Aufgaben entsprechend dem ersten der beiden Fälle oben), in der Regel den Clustern 1 und 2 zuzuordnen sind.

Aufgaben, die oben dem zweiten Fall zuzuordnen wären (Aufgaben, die im – beruflichen oder privaten – Alltag anfallen, und zwar entweder einmalig oder sogar mehrfach), sind hingegen zum überwiegenden Teil nicht wichtig. Sie bringen Sie nicht Ihren Zielen näher. Dennoch sind diese Aufgaben oftmals dringend. Folglich finden sich Aufgaben dieser Art typischerweise in den Clustern 3 und 4 wieder.

Nun wissen Sie, wie Sie Ihre Aufgaben clustern können. Und damit ergibt sich auch die Priorisierung Ihrer Aufgaben:

Sie sollten grundsätzlich versuchen, die wichtigen Aufgaben vor den weniger wichtigen zu bearbeiten und die dringlichen vor denen, die mehr Zeit haben. D.h. die Aufgaben können nach aufsteigender Cluster Nummer bearbeitet werden.

Fangen Sie mit den Aufgaben aus Cluster 1 und 2 an, wenn Sie morgens ausgeschlafen und fit sind. Wenn irgendwie möglich, schieben Sie die Aufgaben des Cluster 3 eher auf nachmittags oder abends. Diese Aufgaben sind dringend, müssen alsbald erledigt werden, bringen Sie aber inhaltlich nicht weiter. Insofern macht es Sinn, diese Aufgaben zu erledigen, nachdem Sie Ihr wichtiges Tagwerk bereits vollbracht haben.

Aufgaben des Cluster 4 können Sie getrost erst mal liegen lassen. Da diese Aufgaben unwichtig und nicht dringend sind, macht es nichts, wenn sie erst mal unerledigt bleiben.

Manchmal wandeln sich Aufgaben aus Cluster 4 auch im Laufe der Zeit und werden dringend. Die Aufgaben wären dann nicht mehr in Cluster 4, sondern im Cluster 3. Sollten Aufgaben von Cluster 4 in Cluster 3 wandern, können Sie sie gerne wieder (nachmittags) bearbeiten.

Um Prokrastination zu vermeiden, ist es außerdem sehr hilfreich, sich am Abend vorher oder morgens eine ToDo-Liste der Aufgaben zu erstellen, die an dem Tag angegangen werden sollen. Die ToDo-Liste sollte auf jeden Fall Aufgaben der Cluster 1 und 2 beinhalten. Und diese sollten Sie priorisiert angehen. Vermutlich wird es sich auch nicht vermeiden lassen, dass wieder Aufgaben aus Cluster 3 anfallen. Machen Sie sich erst daran, diese Aufgaben zu erledigen, nachdem alle anderen, wichtigeren Aufgaben von Ihrer ToDo-Liste bereits vom Tisch sind.

Richtig in den Tag starten

Wenn Sie Ihre Effizienz steigern und prokrastinierendes Verhalten minimieren möchten, ist es ausschlaggebend, dass Sie Ihren Tag gleich dementsprechend beginnen.

Was heißt das?

Sie haben nun hoffentlich für jeden Tag eine priorisierte Liste der Dinge, die Sie erledigen möchten.

Schnappen Sie sich morgens als allererstes die wichtigste Aufgabe der Liste und erledigen Sie sie direkt und ohne Umwege. Für den Fall, dass die wichtigste Aufgabe des Tages nicht auch die unangenehmste Aufgabe des Tages für Sie ist, erledigen Sie als nächstes und ohne Pause auch noch diese unangenehmste Aufgabe. Denn diese Aufgabe wäre es vermutlich auf der ToDo-Liste, die Sie vor sich her schieben würden.

Stellen Sie sich vor, wie sich das anfühlen würde. Meist ist es noch vor 10 Uhr und Sie haben bereits die wichtigste und unangenehmste Aufgabe(n) des Tages hinter sich gebracht. Der Tag war also schon sehr erfolgreich, obwohl er noch lange nicht vorbei ist.

Der Effekt wird folgender sein: Sie erledigen diese 1-2 Aufgaben und sind unglaublich stolz und erleichtert. Sie haben bereits richtig was weggeschafft heute und keine Zeit verplempert. Das Schwierigste liegt bereits hinter Ihnen. Und weil es gar nicht so schlimm war, wie gedacht, und weil Sie gerade richtig in Fahrt gekommen sind, werden Sie sich dann gleich daran machen, die restlichen Aufgaben auf Ihrer Liste wegzuarbeiten.

Bei mir kam es bereits sehr häufig vor, dass ich schon mittags mit meiner ToDo-Liste des Tages fertig war. Man kommt so in

Fahrt und denkt sich „die paar übrigen Aufgaben mache ich jetzt auch noch kurz, wo ich doch eh schon dabei bin."

Am Ende des Tages haben Sie folgendes Ergebnis:

- Sie haben alles erledigt, was Sie sich vorgenommen hatten. Vermutlich sogar noch deutlich mehr als das, was auf Ihrer Liste stand.
- Sie sind den ganzen Tag über stolz auf sich selber, gut gelaunt und effektiv.

Mehr kann man fast nicht erwarten…

Je wichtiger und unangenehmer die erste Aufgabe bzw. die ersten beiden Aufgaben waren, desto stärker wird der Motivations-Effekt sein. Wenn Aufgaben auf der Liste standen, vor denen es Sie schon länger gegraut hat (schwierige Gespräche etc.), kann es sein, dass die positive Wirkung sogar mehrere Tage anhält, nachdem Sie diese Aufgabe gleich morgens als erstes erledigt haben.

Jeden Morgen haben Sie es also selber in der Hand, wie Ihr Tag verlaufen wird. Sie haben in der Hand, ob Sie prokrastinieren werden. Und Sie haben in der Hand, in welcher Stimmung Sie sein werden.

Deshalb: Überwinden Sie sich unbedingt und greifen Sie gleich richtig an. Beseitigen Sie die wichtigste und die unangenehmste Aufgabe von Ihrer ToDo-Liste.

Kleine Ziele setzen

Kennen Sie das? Eine Aufgabe wartet schon seit Tagen darauf, von Ihnen in Angriff genommen zu werden. Aber Sie denken gar nicht daran, damit zu beginnen sondern tun alles, um den Gedanken an diese Aufgabe zu verdrängen, wann immer er ihnen durch den Kopf schießt.

Sie haben keine Lust, sind nicht motiviert, könnten sich tausend andere Aktivitäten vorstellen, die Sie so viel lieber machen würden.

Vielleicht haben Sie sogar Angst vor der Aufgabe?

Wahrscheinlich werden Sie sich an die eine oder andere Situation erinnern können, in der Sie sich genauso gefühlt haben.

Der Grund dafür ist meist, dass uns das Arbeitspaket, das auf uns wartet, einfach als zu groß, als geradezu überwältigend vorkommt.

Und der Ausblick auf einen derartig unangenehmen Arbeitsberg lässt uns eher erstarren als eifrig die Ärmel zurück krempeln und voller Elan ans Werk zu gehen.

Dabei ist die Lösung für dieses Problem relativ simpel: setzen Sie sich kleine Ziele!

Wann immer Sie mit einer unangenehmen Aufgabe konfrontiert werden, versuchen Sie, nicht den Abschluss der Aufgabe als Ziel zu sehen sondern nochmal kleinere Sub-Ziele oder Meilensteine zu definieren.

Das einfachste Sub-Ziel wäre, einfach nur mit der Aufgabe zu beginnen. Nicht: ich möchte 30% erledigt oder 5 Stunden daran gearbeitet haben. Setzten Sie sich als Ziel einfach nur, mit der Aufgabe zu beginnen.

Was Sie damit erreichen wollen ist, dass Sie überhaupt mal anfangen und die Prokrastination durchbrechen. Die allermeisten Tätigkeiten sind gar nicht so schlimm, wenn man mal drin ist. Das positive Gefühl, dass Sie ihr Tagesziel (einfach nur beginnen) bereits erreicht haben, führt häufig dazu, dass Sie in der Regel deutlich länger an der Aufgabe arbeiten werden als gedacht.

Und auch wenn Sie eine Aufgabe, die nur über mehrere Tage oder Wochen hinweg erledigt werden kann, bereits begonnen haben kann ich nur empfehlen, die damit verbundenen Tagesziele in der täglichen ToDo-Liste eher zu klein als zu groß setzen. Der Grund: Durch das erfolgreiche Erreichen der kleinen Ziele fühlen Sie sich motiviert und bleiben deutlich länger am Ball als wenn Sie Ihre Ziele zu ehrgeizig gesteckt haben.

Im Flow arbeiten

Kennen Sie das wunderbare Gefühl im sogenannten Flow zu sein?

Die Aufgabe, an der Sie sitzen, fällt Ihnen plötzlich total leicht, Sie sind konzentriert, produktiv, effizient, die Arbeit macht Ihnen riesigen Spaß! Aber es geht noch weiter. Dieser positive Zustand wirkt sich auch allgemein auf Ihr Leben aus - jenseits der Tätigkeit, die Sie gerade ausführen: auch nach Bearbeitung der Aufgabe, die bei Ihnen ein Flow-Gefühl erzeugt hat, sind Sie voller Lebensfreude, positiv und ausgeglichen, trauen sich selber mehr zu. Und Sie werden sehen: plötzlich werden Sie deutlich weniger prokrastinieren, Sie werden zum Anpacker!

Der Psychologie-Professor Csikszentmihalyi, der den Begriff „Flow" geprägt hat, beschreibt acht Punkte, die charakteristisch für das Erleben dieses Zustandes sind bzw. damit einhergehen:

1. Die vollständige Konzentration auf die Aufgabe;
2. Ein klares Ziel vor Augen und ein sofortiges Feedback über Erfolg und Misserfolg;
3. Eine veränderte Wahrnehmung von Zeit (vergeht wie im Flug);
4. Das Bearbeiten der Aufgabe ist intrinsisch befriedigend;
5. Die Arbeit erscheint mühelos und leicht;
6. Bei der Aufgabe, an der Sie sitzen, herrscht ein Gleichgewicht zwischen dem Grad der Herausforderung und dem Ausmaß der benötigten Skills;
7. Der intensive Fokus auf die Aufgabe führt zu einer starken Reduzierung der Wahrnehmung von Reizen Ihres Körpers (Hunger, Durst, vielleicht sogar Schmerzen etc. treten in den Hintergrund);
8. Sie haben ein Gefühl der Kontrolle über die Aufgabe;

Wäre es nicht toll, wenn wir immer oder zumindest häufig in diesem Zustand arbeiten könnten, den Csíkszentmihályi auch als „positive Sucht" bezeichnet?

Nun, das können wir. Grundsätzlich kann wirklich jeder den Flow-Zustand erfahren. Und wir kennen die Faktoren, die darüber entscheiden, ob Sie bei Ihrer Arbeit ein Flow-Gefühl entwickeln werden oder nicht.

Damit Sie ein Flow-Erlebnis erfahren, müssen folgende Bedingungen gegeben sein:

Grundsätzlich entsteht ein Flow, wenn bei einer Aufgabe

- ein - für Sie subjektiv - überdurchschnittliches Maß an Herausforderung und
- ein - für Sie subjektiv - überdurchschnittliches Maß an nötigen Skills

zusammenkommen.

D.h. Sie sollten eine anstehende Aufgabe bestenfalls als größere, aber nicht riesige Herausforderung empfinden. Genauso sollte ein – wieder für Sie subjektiv – hohes, aber nicht sehr hohes Maß an Fertigkeiten nötig sein um die Aufgabe erfolgreich bearbeiten zu können. Unter diesen Voraussetzungen ist die Wahrscheinlichkeit sehr hoch, dass Sie im Laufe der Bearbeitung der Aufgabe ein Flow-Gefühl entwickeln werden.

Und keine Sorge bitte vor Aufgaben, für deren Bearbeitung Sie noch nicht über alle Skills verfügen: falls Ihnen eine Aufgabe eingangs als sehr schwierig vorkommt, werden Sie zwar vermutlich erst mal keinen Flow erfahren, sondern eher Überforderung, Stress oder sogar Angst. Aber: genau in derartigen Situationen lernen wir am besten. Sie werden also in der ersten Phase der Aufgabenbearbeitung zunehmend besser verstehen, wie Sie die Aufgabe lösen können. Mit der Zeit werden also Ihre Skills für diese Aufgabe besser werden und plötzlich erscheint Ihnen die Aufgabe nicht mehr sehr schwierig sondern nur noch als anspruchsvoll - und das ist typischerweise der Zeitpunkt, an dem Sie in den Flow kommen werden.

Sie werden sehen, dass es für Ihre Produktivität, aber auch ihr gesamtes Wohlbefinden, extrem förderlich ist, wenn Sie es schaffen, täglich in den Flow zu kommen. Das ist wirklich kein Hexenwerk, hat aber große Auswirkungen auf Sie und Ihre Schaffenskraft. Versuchen Sie es einfach!

Und am Schluss noch ein Wort der Warnung:

Was für das Erreichen des Flow-Zustandes sehr hinderlich ist, ist jede Art der Ablenkung von der Aufgabe, an der man gerade sitzt. Wir hatten oben gesehen, dass während des Flows eine vollständige Konzentration auf eine Aufgabe vorherrscht. Versuchen Sie also unbedingt – zumindest für eine Weile pro Tag, in der Sie die wichtigsten Aufgaben erledigen - sämtliche Störfaktoren zu minimieren. Das wären z.B. vibrierende Smartphones, klingelnde Telefone oder Kollegen, die an Ihrem Schreibtisch stehen und etwas von Ihnen wollen.

Was Sie ebenfalls so weit wie möglich vermeiden sollten, ist jegliche Langeweile bei der Bearbeitung von Aufgaben. Wenn Ihnen eine Aufgabe zu leicht erscheint, werden Sie während der Bearbeitung vermutlich nicht in den Flow-Zustand gelangen. Ich würde Ihnen hier vorschlagen kreativ zu werden und nach Möglichkeiten zu suchen, wie Sie solch simple Aufgaben entweder anders als bisher lösen können, so dass ihr Anspruchs-Niveau steigt, oder sie so weit als möglich zu eliminieren, automatisieren bzw. zu delegieren, so dass Sie sie künftig nicht mehr erledigen müssen.

Eliminieren, Automatisieren, Delegieren

Die Eliminieren, Automatisieren und Delegieren Methode ist - sofern sie regelmäßig und konsequent verfolgt wird - ungemein hilfreich. Sie stellen damit all Ihre Aufgaben vor Bearbeitung nochmals auf den Prüfstand:

Müssen die Aufgaben überhaupt erledigt werden? Und falls ja, kann man sie nicht in Teilen oder sogar komplett automatisieren? Oder von einer anderen Person bearbeiten lassen?

Was Sie mit dieser Überprüfung Ihrer Aufgaben erreichen möchten ist letztlich mehr Zeit zu haben. Zeit für die Aufgaben,

- die tatsächlich erledigt werden müssen (also nicht eliminierbar sind),
- gar nicht oder nur in Teilen automatisiert werden können und
- bei denen eine Bearbeitung durch Dritte überdies nicht möglich ist oder sinnvoll zu sein scheint.

Im Folgenden würde ich mit Ihnen gerne jeden der drei Schritte Eliminieren, Automatisieren, Delegieren etwas detaillierter betrachten und versuchen Ihnen jeweils die Punkte mitzugeben, die ich für eine erfolgreiche Anwendung im privaten sowie beruflichen Alltag für besonders wichtig erachte:

Eliminieren

Im Abschnitt „Planen und Priorisieren Sie Ihre Aufgaben" hatte ich Ihnen bereits die Eisenhower-Matrix vorgestellt. Sie erinnern sich: Die Eisenhower-Matrix ist ein seit Jahrzehnten bewährtes Hilfsmittel zur Priorisierung Ihrer Aufgaben anhand der Faktoren Wichtigkeit und Dringlichkeit.

Insbesondere Aufgaben, die Sie dem Cluster 4 der Matrix (weder wichtig, noch dringend) zugeordnet haben, sind erfahrungsgemäß potentielle Kandidaten für das Eliminieren.

Prüfen Sie deshalb in einem ersten Schritt, ob es in diesem Cluster Aufgaben gibt, die Sie einfach streichen können. Diese Aufgaben helfen Ihnen anscheinend weder weiter, noch scheint hier irgendeine Dringlichkeit gegeben. Warum sollten diese Aufgaben also überhaupt erledigt werden?

Bitte verstehen Sie mich hier nicht falsch. Dies soll nur ein Impuls sein, es kann natürlich dennoch vorkommen, dass bei Ihnen die eine oder andere Aufgabe in Cluster 4 gelistet ist, die auch Sinn macht. Derartige Aufgaben eliminieren Sie natürlich nicht.

Nun kommt der nächste Schritt: auch wenn Cluster 4 für gewöhnlich die meisten „Streich-Kandidaten" bereithält, gehen Sie nun bitte auch noch durch die Cluster 1 bis 3.

Unwichtige Aufgaben (aus den Clustern 3 und 4 der Eisenhower-Matrix) kosten Sie unter Umständen nur Zeit und haben evtl. zur Folge, dass Ihnen der Antrieb fehlt Ihre wichtigen Aufgaben anzugehen. Aber auch bei Ihren wichtigen Aufgaben (Cluster 1 und 2 der Eisenhower-Matrix) sollten Sie prüfen, ob Unnötiges dabei ist, das Sie nicht weiter bringt. Und: ob die Aufgaben ausreichend fokussiert sind.

In diesem Zusammenhang gibt es eine interessante Anekdote über den milliardenschweren Investor Warren Buffett. Der soll dem Piloten seines privaten Flugzeugs einst angeblich folgendes – auch von uns anwendbares – Vorgehen empfohlen haben, um im Leben weiter zu kommen.

1) Erstellen Sie eine Liste der Top-25 Punkte, die Sie im Leben erreichen möchten
2) Markieren Sie die 5 Punkte auf der Liste, die Sie als erstes angehen möchten

3) Bis diese 5 Punkte erfüllt sind, vermeiden Sie *unter allen Umständen* alles, was mit den anderen 20 Punkten zu tun hat.

Die Quintessenz ist: Fokussieren Sie sich. Und gehen Sie nicht zu viele Ziele auf einmal an!

Beim Eliminieren schauen Sie also auch unter diesem Gesichtspunkt Ihre wichtigen Aufgaben durch und löschen Sie alles, was unnötig erscheint oder den Fokus von Ihren Kernzielen nimmt.

Falls Sie Aufgaben nicht löschen können, da sie wichtig sind für Sie, und es gleichzeitig noch wichtigere Aufgaben gibt, verschieben Sie die weniger wichtigen Aufgaben in ein passenderes Cluster.

Automatisieren

Im nächsten Schritt prüfen Sie bitte, inwieweit sich die Aufgaben, die nun noch übrig sind, automatisieren lassen. Besonders gut geeignet dafür sind natürlich Aufgaben, die sich regelmäßig wiederholen, wie etwa das Erstellen von Reportings oder das Überweisen von Rechnungen.

Das Automatisieren von Aufgaben führt anfangs zu einem Mehraufwand für die Einrichtung der nötigen Automatismen. Dennoch ist diese Investition Ihrer Zeit meist sinnvoll, weil Sie sich dadurch zukünftige Zeit freischaufeln, die Sie nutzen können um sich intensiver auf andere Aufgaben zu konzentrieren.

Delegieren

Schließlich schauen Sie bitte in einem letzten Schritt, ob Sie von den Aufgaben, die nun noch übrig sind, die eine oder andere delegieren können.

Falls Sie geeignete Aufgaben auf Ihrer Liste finden: Gibt es Kollegen, die Sie dabei unterstützen können?

Bitte haben Sie keine Angst, um Hilfe zu bitten und Aufgaben aus der Hand zu geben. Sie tun das, um sich selber für Ihre allerwichtigsten Aufgaben Zeit freizuschaufeln. Durch dieses Vorgehen schaffen Sie also mehr Wert als ohne.

Delegieren Sie grundsätzlich alle Aufgaben, bei denen es Sinn macht. Lernen Sie ggf. Kollegen an und kontrollieren Sie anfangs, ob sie die Aufgaben korrekt erledigen. Wie beim Automatisieren lohnt sich auch hier ein eventuell anfallender Mehraufwand am Anfang, weil Sie im weiteren Verlauf etliches an Zeit einsparen werden.

Nicht nur beruflich, sondern gerade auch privat gibt es etliche zeitfressende Aufgaben, die sich delegieren lassen. Vielleicht kann Ihnen künftig eine Reinigungskraft Ihre Hausarbeiten abnehmen? Oder möglicherweise können Sie Ihre Lebensmittel-Einkäufe zukünftig online tätigen? Etliche Lebensmittel-Läden liefern - arbeitnehmerfreundlich auch abends - Ihre Einkäufe zu Ihnen nach Hause. Oder Sie holen sie schnell ab. In jedem Fall läuft dann jemand anderes für Sie durch den Supermarkt und packt Ihre Einkäufe für Sie zusammen – und das meist kostenlos.

Gehen Sie also durch all Ihre anfallenden Aufgaben und prüfen Sie, inwieweit Sie diese abgeben können – immer mit dem Ziel, dass Sie mehr Zeit und Energie für Ihre wichtigsten Aufgaben haben!

Belohnen Sie sich

Die Idee hinter dem Konzept des sich Belohnens ist es zum einen, sich selber möglichst angenehme Rahmenbedingungen für die Arbeit zu schaffen, so dass man so gerne wie möglich Zeit mit der Abarbeitung seiner ToDo-Liste verbringt. Zudem sollten Erfolge (Meilensteine oder der Abschluss ganzer Projekte) gefeiert werden.

Wie - und in welchem Umfang - Sie das machen möchten, ist komplett Ihnen überlassen. Typische Maßnahmen wären aber zum Beispiel folgende:

- Während der Arbeit dürfen einige Dinge getan werden, die sonst vermieden werden sollten: möglich wäre etwa, sich bestimmte Musik, Snacks, Gerüche (z.B. Duftkerzen, ätherische Öle) nur während der Arbeitsphasen des Tages zu gönnen.
- Nach erfolgreich getaner Arbeit: belohnen Sie sich mit anderen Aktivitäten, die Ihnen viel Freude machen, sei es Sport, Kino oder ein anderes Hobby, das Sie lieben.
- Bei Erreichung eines Gesamtziels/Abschluss eines Projektes, an dem Sie gearbeitet haben: Gehen Sie zum Beispiel schön mit Ihrer Familie oder Ihren Kollegen (je nachdem, ob das Ziel beruflicher oder privater Natur war) essen, oder gönnen Sie sich irgendetwas, das Sie sich schon länger gewünscht haben.

Das Konzept der Selbstbelohnung funktioniert zuverlässig, seien Sie aber nicht zu streng mit sich bei den Dingen, die Sie sich nur während der Arbeitsphasen gönnen möchten. Sie brauchen unbedingt und dauerhaft eine positive Einstellung zu Ihrem Job und Ihren Aufgaben. Wenn Sie sich zu viele Dinge nur gestatten, während Sie arbeiten, riskieren Sie, dass bei Ihnen aufgrund der selbst auferlegten Verbote nach einer Weile Frust aufkommt und Sie folglich negative Gefühle für Ihren Arbeitsprozess entwickeln. Und das wäre genau der falsche Effekt! Sie wollen sich für Ihre Arbeit motivieren und sich nicht dafür bestrafen, dass Sie auch mal nicht arbeiten!

Sollte das bei Ihnen passieren, seien Sie bitte etwas weniger streng mit sich und verbieten Sie sich weniger Dinge außerhalb Ihrer Arbeitszeiten.

Steigern Sie Ihre Selbstwirksamkeitserwartung

Ein entscheidender Faktor dafür, wie Sie Ihr Leben leben ist: Sie vermuten es schon ganz richtig, Ihre Selbstwirksamkeitserwartung.

Das Konzept der Selbstwirksamkeitserwartung ist äußerst komplex. Für unsere Zwecke hier - es geht um bewährte und umsetzbare Tipps für die Praxis - möchte ich es aber dennoch bewusst einfach halten.

Lassen Sie uns die Selbstwirksamkeitserwartung definieren anhand ihrer zwei extremen Ausprägungen.

Diese beiden Ausprägungen mit stark bzw. wenig ausgeprägter Selbstwirksamkeit könnte man wie folgt beschreiben:

- Extrem 1 mit sehr stark ausgeprägter Selbstwirksamkeitserwartung: Der Macher, der sein Schicksal in die Hand nimmt und agiert statt zu reagieren.
- Extrem 2 mit sehr gering ausgeprägter Selbstwirksamkeitserwartung: Der reaktive Typ, der das Leben auf sich zukommen lässt und Geschehnisse eher hinnimmt als sie zu gestalten.

Zwischen den beiden Extremen gibt es natürlich unzählige Zwischenabstufungen.

Wie würden Sie sich einschätzen? Eher Richtung Extrem 1, eher als Extrem 2? Oder dazwischen?

Grundsätzlich gibt es hier kein besser oder schlechter. Nur im Hinblick auf Prokrastination haben die Macher (Extrem 1) einen großen Vorteil:

Diese Menschen möchten bestimmte Dinge in ihrem Leben erreichen. Und wenn sie die erreicht haben, machen sie weiter und streben nach den nächsten Zielen. Macher haben ihre Vision so fest vor Augen, dass sie es kaum erwarten können, alles Nötige zu tun um die Vision in Realität umzusetzen. Dieser Drang, Neues verwirklichen zu wollen, lässt wenig Raum für Prokrastination.

Und jetzt kommt die gute Nachricht:

Auch wenn Sie sich eben nicht als Macher eingeschätzt haben, macht das gar nichts.

Es gibt einen bewährten Weg, der es auch Leuten mit gering oder mittel stark ausgeprägter Selbstwirksamkeit ermöglicht, diese nach und nach immer weiter zu steigern und damit sukzessive zu Machern zu werden – wenn sie es denn wollen...

Aber wie soll das gehen, werden Sie fragen:

Nun, es geht genau um die Themen, die wir schon besprochen haben.

- Finden Sie Ziele, die Sie sich setzen möchten
- Priorisieren Sie Ihre Aufgaben
- Setzten Sie die Aufgaben ohne Umwege um – gerne mithilfe der Tipps aus diesem Buch

Mit diesem Vorgehen werden Sie Erfolg haben. Heißt konkret: Sie werden Ihre Ziele erreichen. Und Sie werden Gefallen daran finden Ihr Leben in die Hand zu nehmen. Dann werden Sie sich wieder Ziele suchen, die sie realisieren können. Und danach wieder und wieder und so weiter.

Es entsteht eine Aufwärtsspirale. Ihre Selbstwirksamkeits-Einschätzung steigt, und zwar umso stärker, je mehr Ziele Sie erreicht haben. Außerdem wird Ihre Selbstwirksamkeit stärker steigen, wenn es um Ziele geht, die nicht leicht zu erreichen sind und Sie zwingen, auch mal aus Ihrer Komfort-Zone herauszukommen, also Unangenehmes zu erledigen. Mit den Aufgaben wächst Ihre Selbstwirksamkeitserwartung!

Es ist also eigentlich ganz einfach:

- Ziele setzten
- Dafür nötige Aufgaben planen und priorisieren
- Ärmel hochkrempeln und loslegen

Bleiben Sie beständig auf diesem Pfad und Sie werden sehen: mit der Zeit werden Sie immer mehr zum Macher.

Nutzen Sie die Wirkung von sozialem Druck

Auch sozialer Druck ist ein wunderbares Hilfsmittel um Prokrastination zu vermeiden. Machen Sie in Ihrem Umfeld öffentlich, was Sie erreichen wollen. Weihen Sie - je nach Ziel - Freunde, Familie bzw. die entsprechenden Kollegen ein. Teilen Sie mit Ihnen, was Sie vorhaben und bis wann Sie fertig sein wollen.

Noch besser: bitten Sie jemanden, immer wieder bei Ihnen nachzuhaken wie der Stand der Dinge ist. Das wird auf Sie wirken wie ein Trainingspartner im Sport, der Sie bei der Stange hält, auch wenn Sie mal nicht so viel Lust haben alles zu geben.

Sie werden sehen: Prokrastinieren wird deutlich schwieriger für Sie, wenn Sie andere Menschen einweihen und sie bitten, Sie immer wieder zu fragen, wie es aussieht. Sie wollen natürlich kein Sprücheklopfer sein, sondern zu Ihrem Wort stehen. Und dementsprechend werden Sie die anfallenden Aufgaben angehen, auch wenn Ihnen mal nicht danach ist.

Halten Sie Ihren Körper in Balance

Meiner Erfahrung nach muss der Körper, um optimal zu funktionieren, im Gleichgewicht sein, in Balance. Prokrastination ist oftmals ein Zeichen, dass der Körper gerade im Begriff ist, aus dem Gleichgewicht zu kommen – oder er ist bereits aus dem Gleichgewicht geraten. Kennen Sie das? Sie sind zu müde, zu schlapp, zu träge, zu ängstlich oder unmotiviert um Ihr Tagespensum zu schaffen.

Ich bin kein Arzt und der folgende Abschnitt stellt keine medizinische Beratung dar, gerne beschreibe ich aber die körperlichen Stellschrauben, an denen sich das Drehen für mehr Produktivität meiner Meinung nach lohnt. Dabei werde ich wie bei allen anderen Strategien dieses Buches sehr knapp bleiben. Wenn Sie tiefer eintauchen möchten empfehle ich Ihnen die Literaturtipps, die ich Ihnen an den entsprechenden Stellen gebe. Oder noch besser: Sie bitten Ihren Arzt um seine Einschätzung.

Ernährung

Es gibt mittlerweile eine Unzahl von Schulmeinungen, wie eine richtige Ernährung auszusehen hat: Essen Sie keine Kohlenhydrate, essen Sie nichts tierisches, essen Sie viel Eiweiß oder wenig…

Wiegesagt: Ich bin weder Arzt, noch möchte ich hier Empfehlungen für Sie aussprechen. Gerne erzähle ich aber, was sich für mich ernährungstechnisch bewährt hat:

Unser Körper ist auf einige essentielle Substanzen (genauer 47 Stück) angewiesen, die er in ausreichender Menge benötigt. Das sind Vitamine, Mineralstoffe, 2 Fettsäuren und 10 Aminosäuren.

Diese Substanzen müssen wir zuführen (eine Liste der Substanzen finden Sie z.B. bei Dr. Strunz: https://www.strunz.com/de/news/die-liste.html).

Dementsprechend achte ich darauf, ausreichend Proteine zu essen (1-2 Gramm/Kilo Körpergewicht aus den Quellen Fleisch (querbeet alle Sorten), Eier, Fisch, Milchprodukte, Protein-Pulver) und eine möglichst bunte Mischung an Gemüse. Dazu regelmäßig etwas Lein- und Olivenöl. Und zusätzlich ein wenig Obst. Natürlich auch Kohlenhydrate, aber die eher zum Genuss und in Maßen (max. 2-3 Gramm/Kilo Körpergewicht).

Wichtig ist mir – insbesondere bei den tierischen Produkten – auch die Bio-Qualität.

Wenn Sie das Gefühl haben nicht 100% leistungsfähig zu sein, müde, antriebslos etc. ist es nicht unwahrscheinlich, dass ein Mangel an einem oder mehreren dieser 47 Stoffe dahintersteckt. Typische Kandidaten wären etwa ein schlechtes Aminogramm (dann fehlt es an einer oder mehreren Aminosäuren), zu wenig Folsäure, Vitamin D, Magnesium oder Zink. Natürlich kann aber auch etwas völlig anderes dahinter stecken. Neben einer auf diese Vitalstoffe ausgerichteten Ernährung kann ich Ihnen - falls Sie sich nicht rundum wohl fühlen sollten – nur empfehlen etwas Geld in einen Test der wichtigsten Aminosäuren, Fette, Mineralien und Vitamine zu stecken um herauszufinden, ob Sie hier optimal aufgestellt sind. Falls nein, können Sie - nach Rücksprache mit Ihrem Arzt - zielgerichtet genau bei den Substanzen auffüllen, von denen Sie zu wenig im Körper haben.

Derartige Tests können Sie bei Ihrem Hausarzt machen lassen oder alternativ mittlerweile auch schon bei etlichen Laboren direkt.

Literatur:

Wenn Sie sich näher mit der Thematik beschäftigen wollen, empfehle ich Ihnen z.B. die Bücher von Dr. Ulrich Strunz oder Dr. Bodo Kuklinski.

Dr. Ulrich Strunz hat diverse Bücher geschrieben, z.B.:

- Vitamine: Aus der Natur oder als Nahrungsergänzung - wie sie wirken, warum sie helfen
- Mineralien . Das Erfolgsprogramm
- Geheimnis Eiweiß - Die Protein Diät
- Das Neue Forever Young

Dr. Bodo Kuklinski:

- Mitochondrien: Symptome, Diagnose und Therapie
- Mitochondrientherapie - die Alternative: Schulmedizin? Heilung ausgeschlossen!

Schlaf

Ich hatte eben das Thema Gleichgewicht des Körpers angesprochen. Auch Schlaf ist essentiell um den Körper in Balance zu halten - für ein aktives und produktives Leben ist ausreichend Erholung unverzichtbar!

Im Schlaf laufen verschiedenste Vorgänge in unserem Körper ab, die im Wachzustand nicht oder nur eingeschränkt stattfinden können. Insofern wäre es zu kurzfristig gedacht, wenn man versuchen würde weniger zu schlafen um in der so gesparten Zeit mehr Arbeit wegzuschaffen. Denn mit Schlafentzug sind eine höhere Sterblichkeit und ein erhöhtes Risiko an Krebs, Herz-Kreislauf-Erkrankungen, Alzheimer oder Infektionen zu erkranken, korreliert. Neben diesen Zusammenhängen mit ganz unterschiedlichen, allesamt sehr schweren Krankheiten und einem grundsätzlich negativen Einfluss auf das Immun-System ergeben sich durch zu wenig Schlaf aber auch Nachteile, die sich ganz direkt auf unsere Effizienz bzw. Prokrastination auswirken.

So sind mit zu wenig Schlaf auch zu erwarten:

- ein eingeschränktes Erinnerungsvermögen

- eine negativere Gemütslage
- eine geringere Konzentrationsfähigkeit
- eine Abnahme der Güte getroffener Entscheidungen
- weniger Kreativität

Und es wird noch schlimmer: Mit zu wenig Schlaf geht auch eine verringerte Produktivität einher! Die Autoren der Studie „The Cost of Poor Sleep: Workplace Productivity Loss and Associated Costs (2010)" fokussierten sich zum Beispiel gezielt auf den Arbeitskontext und bewiesen eindrucksvoll, dass Produktivität und Leistung von Arbeitnehmern mit gutem Schlaf der Produktivität und Leistung von Arbeitnehmern mit Schlafstörungen oder zu wenig Schlaf deutlich überlegen sind.

Weniger Schlafen lohnt also auf keinen Fall! Und schon gar nicht zur Vermeidung von Prokrastination. Im Gegenteil, achten Sie auf einen gesunden, tiefen Nachtschlaf unter Einhaltung der wichtigsten Regeln der Schlafhygiene. Dann werden Sie voller Antrieb sein und sich auf Ihre Aufgaben stürzen.

Die wichtigsten Regeln der Schlafhygiene, denen Sie Beachtung schenken sollten, wären:

1) Schlafroutine – stehen Sie jeden Tag zur selben Zeit auf. Es ist ganz egal, ob Sie tatsächlich aufstehen müssen oder nicht, stehen Sie einfach auf. Und auch dann, wenn Sie später ins Bett gegangen sind! Sie werden mit der Zeit von selbst entspannt um die gleiche Uhrzeit aufwachen und benötigen dann auch keinen Wecker mehr, der Ihnen als erstes am Morgen einen Schrecken einjagt.
2) Arbeiten Sie mit natürlichem Licht. Versuchen Sie also Ihre Schlafroutine so einzurichten, dass Sie dann aufwachen, wenn es in Ihrem Schlafzimmer hell wird.
3) Blaues, künstliches Licht, das von Fernsehern, Smartphones und anderen Elektrogeräten mit Bildschirm ausgeht, sollten Sie ab ca. 2 Stunden vor dem

Schlafengehen reduzieren. Dämmen Sie insgesamt alle Lichtquellen und versuchen Sie lieber zu lesen als auf Bildschirme zu schauen.

4) Sport, Nickerchen und Koffein: unbedingt, aber achten Sie auf das richtige Timing! Sport ist wichtig für guten Schlaf, vermeiden Sie nur, Ihren Kreislauf wenige Stunden vor dem Zubettgehen intensiv hochzupushen. Machen Sie sehr anstrengende Workouts am besten bereits morgens oder spätestens am Nachmittag. Ähnlich verhält es sich mit Kaffee und einem Nickerchen. Beide können – wenn Sie zu spät am Tag genutzt werden – hinderlich für Ihren Schlaf sein. Versuchen Sie also ab dem späten Nachmittag auf kurze Schläfchen und koffeinhaltige Getränke zu verzichten.

5) Seien Sie zu guter Letzt mit üppigen Mahlzeiten und Alkohol kurz vor dem Schlafengehen zurückhaltend. Besser für den Schlaf ist es, wenn nicht mehr viel verdaut oder Alkohol abgebaut werden muss.

Aber wie viel Schlaf brauchen wir denn nun eigentlich?

Da der Schlafbedarf individuell sehr unterschiedlich ist und von verschiedenen Faktoren abhängt, lässt sich das pauschal nur grob beantworten. Schwangere zum Beispiel brauchen - zumindest in Teilabschnitten der Schwangerschaft – etwas mehr Schlaf als sonst, Fasten hingegen führt eher dazu, dass weniger Schlaf benötigt wird. Unabhängig von derartigen Effekten kann wohl grundsätzlich empfohlen werden ca. 7-9 Stunden pro Nacht zu schlafen. Dauerhaft 6 oder weniger Stunden wären für die allermeisten von uns zu wenig. Diese Zahlen habe ich mir übrigens nicht ausgedacht, vielmehr stammen Sie von der National Sleep Foundation und können dort eingesehen werden: https://www.sleepfoundation.org/press-release/national-sleep-foundation-recommends-new-sleep-times

Wenn Sie mehr zu dem faszinierenden Thema Schlaf wissen möchten kann ich Ihnen folgendes Buch von Matthew Walker sehr ans Herz legen:

Literatur:

Matthew Walker: Das große Buch vom Schlaf: Die enorme Bedeutung des Schlafs - Beste Vorbeugung gegen Alzheimer, Krebs, Herzinfarkt und vieles mehr

Körperliche Bewegung

Ein gesunder Geist wohnt in einem gesunden Körper. Das Sprichwort kennen wir alle. Neben einer vernünftigen Ernährung und ausreichend Schlaf kommt auch der körperlichen Bewegung eine Schlüsselrolle beim Aufbau bzw. bei der Erhaltung eines leistungsfähigen, gesunden Körpers zu. Das ist nichts Neues. Und dennoch bewegen sich die meisten von uns zu wenig.

Wie Schlaf wirkt auch körperliche Aktivität auf unterschiedliche Art und Weise positiv:

- Regelmäßige Bewegung erhöht die Lebenserwartung
- Sie senkt den Blutdruck und das Cholesterin-Niveau
- Ebenso ist das Risiko für Diabetes und verschiedene Krebserkrankungen bei ausreichender Bewegung geringer
- Knochen, Muskeln und Gelenke werden ebenfalls gestärkt

Daneben hat ausreichend Bewegung aber auch Vorteile, die gerade für die Vermeidung von Prokrastination wichtig sind:

- Mentaler Stress und Ängste, die wir tagsüber aufbauen, können durch ausgiebige Bewegung am Abend gesenkt werden. Gerade lange Ausdauereinheiten - und interessanterweise auch ausgiebiges Stretching - senken das Stresshormon Cortisol in unserem Körper und helfen uns so zu einer inneren Ruhe, die uns eine vollständige Regeneration über Nacht ermöglicht. Und eine vollständige Regeneration brauchen wir unbedingt, um am nächsten Morgen wieder frisch und mit voller Kraft anzugreifen, die nächsten Aufgaben und Herausforderungen anzupacken.
- Zudem führt ausgiebige und regelmäßige Bewegung zu einem wachen Geist, der ganze Körper wird mit Sauerstoff geflutet, unsere Laune hebt sich, wir empfinden Glücksgefühle (das sog. Runner's High, Glücksgefühle können sie aber auch bei anderen Sportarten bekommen, wenn Sie nicht joggen möchten)

Die Vorteile eines aktiven Lebensstils sind so überwältigend, dass die meisten sehr erfolgreichen Menschen Sport betreiben. Ärzte, Unternehmer, Manager – „keine Zeit" ist für Sie keine Ausrede, selbst Obama und Putin schaffen es in ihren vollen Terminkalender regelmäßige Sport-Einheiten unterzubringen. Jeder zehnte Manager läuft Marathon, aber nur jeder 600. Deutsche.

Die Kernbotschaft lautet also, wenn Sie etwas in Ihrem Leben bewegen wollen, müssen Sie sich ausreichend bewegen! Und keine Sorge, Sie müssen jetzt nicht anfangen Marathon zu laufen. Auch viel weniger hilft schon viel.

Die WHO empfiehlt z.B. Folgendes für Erwachsene bis 64 Jahre (frei von mir aus dem Englischen übersetzt, der originale Text kann eingesehen werden unter https://www.who.int/news-room/fact-sheets/detail/physical-activity):

- Mindestens 150 Minuten moderate körperliche Aktivität (z.B. flott spazieren gehen, Gärtnern) pro Woche oder min. 75 Minuten intensivere körperliche Aktivität (z.B. Joggen, flottes Fahrradfahren).
- Noch mehr gesundheitlich profitieren können wir, wenn wir das Programm aufstocken auf min. 300 Minuten moderate körperliche Aktivität oder 150 Minuten intensivere körperliche Aktivität pro Woche.
- Zusätzlich sollte an zwei oder mehr Tagen pro Woche ein muskelstärkendes Training durchgeführt werden, das alle großen Muskelgruppen mit trainiert.

Diese Vorgaben zu erreichen ist nicht weiter schwierig; 150 Minuten moderate körperliche Aktivität pro Woche wären gute 20 Minuten pro Tag. Und 20 Minuten spazieren gehen sollte wirklich machbar sein.

Oder Sie gehen zweimal für jeweils eine Stunde schwimmen und fahren einmal 30 Minuten auf dem Rad zum Bäcker am Sonntagmorgen. Die Minimalanforderungen sind wirklich nicht schwer zu erreichen.

Machen Sie das, was Ihnen Spaß macht, nur: seien Sie aktiv, fordern Sie sich körperlich! Und Sie werden sehen, auch die Prokrastination wird nachlassen!

Literatur:

Jörg Blech: Die Heilkraft der Bewegung

Entspannung

Stress, Anspannung und Ängste gehören zum Leben dazu. Auf Dauer funktioniert unser Körper aber am besten, wenn wir es schaffen Stress, Anspannung und Ängste auf einem niedrigen

Niveau halten. Denn nur dann können wir uns vollständig erholen. Und Erholung ist entscheidend für die Aufrechterhaltung unserer Gesundheit und Leistungsfähigkeit – und natürlich damit auch für die Vermeidung von Prokrastination. Gestresst und angeschlagen werden wir viel eher Aufgaben vor uns her schieben als erholt, energiegeladen und in uns ruhend.

Um in einen entspannten Zustand zu gelangen, können uns diverse Entspannungs-Methoden helfen: Autogenes Training, progressive Muskelentspannung, Atem-Meditation, Qi-Gong, manche Formen von Yoga wie Nidro Yoga und viele andere Techniken mehr. Und einen entspannenden Effekt kann man auch mit ausgiebiger Bewegung erreichen, durch Wandern, Joggen, Fahrradfahren, selbst durch das Gassi gehen mit dem Hund.

Letzen Endes ist ausschlaggebend, dass Sie regelmäßig und zwar täglich auch Zeiten der Entspannung für sich einplanen. Welche Techniken und Methoden Sie nutzen, um in einen entspannten Zustand zu gelangen ist gar nicht so wichtig. Hier gilt es auszuprobieren und das anzuwenden, was Ihnen am meisten Freude bereitet bzw. Sie am meisten entspannt.

Der eine schwört auf autogenes Training, der andere wiederholt lieber ein bestimmtes Mantra und der Dritte kann am besten bei langen Spaziergängen durch den Wald oder vielleicht beim Bogenschießen abschalten. Und das ist völlig in Ordnung.

Wichtig ist auch hier, am Ball zu bleiben, regelmäßig und dauerhaft dafür zu sorgen, dass Anspannungen abgebaut werden, Ihr Körper sich erholen und so dauerhaft leistungsfähig bleiben kann.

Und insbesondere beim Thema Meditation ist es ungeheuer wichtig nicht zu früh aufzugeben, wenn der Geist nicht zur Ruhe kommt und die Gedanken wild umherschweifen. Meditation bzw. das Stillwerden oder Fokussieren auf ein Mantra müssen nach und nach gelernt werden, das klappt in der Regel nicht perfekt von einem auf das andere Mal.

Versuchen Sie einfach verschiedene Methoden und finden Sie heraus, ob Sie eher in der Bewegung (mäßiger Sport, Qi-Gong, Tai Chi...) oder in der Ruhe (Atem- oder Mantra-Meditation, Körperreisen, autogenes Training) entspannen.

Literatur:

- Delia Grasberger: Autogenes Training
- Jon Kabat-Zinn: Gesund durch Meditation: Das große Buch der Selbstheilung mit MBSR

Finden Sie Ihre Erfolgsroutine

Der Mensch ist ein Gewohnheitstier. Das können wir uns zu Nutze machen, indem wir uns bewusst Gewohnheiten aneignen, die es der Prokrastination in unserem Leben von vornerein schwer machen.

Sie haben auf den vorherigen Seiten schon etliche Strategien kennengelernt, die Ihnen helfen können, Prokrastination zu vermeiden oder zumindest zu minimieren.

Erinnern Sie sich: Schaffen Sie sich Ziele, Arbeiten Sie mit ToDo-Listen, priorisieren Sie Ihre Aufgaben, und beginnen Sie den Tag gleich mit der jeweils größten anstehenden Herausforderung. Auch Sport am Morgen kann motivierend sein, am Abend hilft er beim Abschalten und Auftanken für den nächsten Tag.

Ich würde Ihnen aber empfehlen, nicht zu viel auf einmal in Ihrem Leben umzukrempeln. Greifen Sie erst mal ein, zwei der Strategien aus diesem Buch auf und führen Sie sie für mindestens 4 Wochen konsequent aus, wenn Sie merken, dass Sie davon profitieren. Nach 4 Wochen sollten daraus bereits Gewohnheiten geworden sein.

Dann nehmen Sie sich die nächsten Strategien vor und integrieren Sie sie in Ihr Leben usw.

So implementieren Sie nach und nach immer mehr hilfreiche Gewohnheiten in Ihr Leben, die Ihnen dauerhaft zu mehr Effektivität und weniger Prokrastination verhelfen werden.

Und natürlich müssen Sie nicht alles aus diesem Buch umsetzen. Vielleicht sprechen Sie nur eine Handvoll der Strategien an. Dann beginnen Sie mit denen. Auch eine Routine mit zwei, drei guten Gewohnheiten kann Ihnen zu deutlich mehr Erfolg verhelfen.

Es geht auch nicht darum, Ihren ganzen Tag zu verplanen. Um nachhaltig viel wegzuschaffen würde ich Ihnen empfehlen, Teile Ihres Tagesablaufes exakt festzusetzen, damit hier die wichtigsten Dinge erledigt werden können. Der Rest des Tages ist dann für alle anderen Arbeiten und Erholung bestimmt.

Das könnte zum Beispiel folgendermaßen aussehen:

Sie erfassen und verinnerlichen nun regelmäßig Ihre Ziele. Zudem machen Sie es sich zur Gewohnheit, morgens zwei Stunden effektive Arbeit ohne Unterbrechungen ausschließlich Ihren Zielen zu widmen, und zwar immer beginnend mit der schlimmsten Aufgabe. Abends machen Sie eine Stunde Sport, Sie achten auf ausreichend Schlaf und eine vernünftige Ernährung.

Mit dieser Routine hätten Sie schon vieles richtig gemacht, würden sehr wahrscheinlich weniger prokrastinieren und sich besser fühlen.

In der Einleitung hatte ich gesagt, ohne Umsetzung bringen Ihnen die besten Strategien nichts! Gehen Sie jetzt also durch das Buch, holen Sie sich alles raus, was Sie anspricht und fangen Sie an, das Gelesene in Ihrem Leben anzuwenden!

Es gibt keine Blaupause, die für uns alle gleich gut funktionieren würde. Finden Sie heraus, welche der Strategien für Sie am gewinnbringendsten sind und welche Ihnen vielleicht nur wenig helfen.

Wenn Sie von einer Strategie profitieren, versuchen Sie sie als Gewohnheit in Ihrem Leben zu verfestigen.

Machen Sie sich bitte unbedingt die Arbeit! Mit den Strategien aus diesem Buch können Sie sehr weit kommen – Sie werden sich besser fühlen, effizienter und erfüllter arbeiten und Ihr prokrastinierendes Verhalten deutlich eindämmen.

Ich wünsche Ihnen viel Erfolg dabei, packen Sie es an!

Impressum

www.ingramcontent.com/pod-product-compliance
Lightning Source LLC
Chambersburg PA
CBHW030957240526

45463CB00017B/2858